Markus Grünewald

Die unterschiedlichen Rechtsschutzmöglichkeiten beim Beamten

GRIN Verlag

Bibliografische Information der Deutschen Nationalbibliothek:

Die Deutsche Bibliothek verzeichnet diese Publikation in der Deutschen National-
bibliografie; detaillierte bibliografische Daten sind im Internet über http://dnb.d-
nb.de/ abrufbar.

Impressum:

Copyright © 2004 GRIN Verlag GmbH
Druck und Bindung: Books on Demand GmbH, Norderstedt Germany
ISBN: 978-3-638-64080-0

Dieses Buch bei GRIN:

http://www.grin.com/de/e-book/27654/die-unterschiedlichen-rechtsschutzmoeglich-
keiten-beim-beamten

GRIN - Your knowledge has value

Der GRIN Verlag publiziert seit 1998 wissenschaftliche Arbeiten von Studenten, Hochschullehrern und anderen Akademikern als eBook und gedrucktes Buch. Die Verlagswebsite www.grin.com ist die ideale Plattform zur Veröffentlichung von Hausarbeiten, Abschlussarbeiten, wissenschaftlichen Aufsätzen, Dissertationen und Fachbüchern.

Besuchen Sie uns im Internet:

http://www.grin.com/

http://www.facebook.com/grincom

http://www.twitter.com/grin_com

Sonstiger Leistungsnachweis

im Studienfach Beamtenrecht

§ 22 I Nr. 2 LAP-gntDSVV

Thema der Hausarbeit:

Die unterschiedlichen Rechtsschutzmöglichkeiten
beim Beamten

vorgelegt von

Markus Grünewald

Verwaltungsinspektoranwärter

der Bundesversicherungsanstalt für Angestellte

Berlin, 16.07.2004

Inhaltsverzeichnis

Seite

Einleitung

Die nachfolgende Arbeit befasst sich mit den Rechtsschutzmöglichkeiten im Beamtenverhältnis. Im ersten Teil, in dem ich auf die außergerichtlichen Rechtsschutzmöglichkeiten eingehe, wird auch die Frage behandelt, inwieweit einzelne Grundrechte durch das Beamtenverhältnis eingeschränkt sind. Das Remonstrationsverfahren wird auf Rechtsschutzaspekte hin untersucht, da eine klare Grenze zwischen Remonstrationspflicht und Remonstrationsrecht nicht gezogen werden kann.

Das Kapitel über die gerichtlichen Rechtsschutzmöglichkeiten befasst sich nur mit den relevanten Klage- und sonstigen Arten des Rechtsschutzes. Insbesondere bei den Klagearten bin ich aus verständlichen Gründen nicht auf die einzelnen Zulässigkeitsvoraussetzungen eingegangen, sondern habe versucht, eine kurze Gesamtdarstellung mit den jeweiligen beamtenrechtlichen Besonderheiten aufzuzeigen.

Die beamtenrechtliche Konkurrentenklage habe ich aufgrund der sich stark widersprechenden Ansichten in der Literatur in bezug auf ihre Zulässigkeit nur kurz mit Hinweis auf die zurzeit h.M. erwähnt, ihr ist insoweit kein eigener Abschnitt gewidmet.

Der Hausarbeit liegt das Beamtenrecht des Bundes zugrunde; auf landesbeamtenrechtliche Besonderheiten bin ich nicht eingegangen.

A. Der außergerichtliche Rechtsschutz

I. Die formlosen außergerichtlichen Rechtsbehelfe

a. Das allgemeine Petitionsrecht (Art. 17 GG)

Das Petitionsrecht ist Jedermanns-Grundrecht. Damit sind alle natürlichen Personen und alle juristischen Personen des Privatrechts umfasst; keine Grundrechtsträger sind nach h.M. die juristischen Personen des öffentlichen Rechts, außer wenn Selbstverwaltungsangelegenheiten tangiert werden oder wenn einzelnen Körperschaften dieses Recht vom Gesetzgeber zuerkannt wurde[1]. Das Petitionsrecht ist ein formelles Bitt- und Beschwerderecht, welches unterschiedliche subjektiv-öffentliche Rechte gewährleistet[2]. Der Petent hat das Recht, schriftliche Eingaben an die zuständigen Stellen zu richten. Zuständig sind für beamtenrechtliche Belange entweder der Petitionsausschuss des Deutschen Bundestages, sofern Besoldungs- und Versorgungsfragen betroffen sind oder die Petitionsausschüsse der jeweiligen Landesparlamente bei allen anderen Problemfeldern[3]. Die Petition ist nicht geeignet, behördliches Handeln in seiner rechtlichen Wirkung zu beeinträchtigen und unterscheidet sich insofern vom Widerspruch[4]. Die Petition setzt weder eine Rechtsverletzung noch irgendeine Betroffenheit in eigenem Interesse voraus. Vielmehr soll dem Petenten die Möglichkeit eingeräumt werden, außerhalb der gängigen Verwaltungs- und Gerichtsverfahren Mängel im öffentlichen Leben geltend zu machen, ohne dabei an Fristen gebunden und für Verfahrenskosten verantwortlich zu sein. Damit erfüllt die Petition eine bedeutende Rechtsschutzfunktion, die eine

---

[1] *Bauer*, in: Dreier, Art. 17 Rdn. 17 f.; *Rauball*, in: v.Münch/Kunig, Art. 17 Rdn. 3.
[2] *Bauer*, in: Dreier, Art. 17 Rdn. 12 f.
[3] *Scheerbarth/Höffken*, § 19 II; auf Bundesebene ist die Organisation und Arbeitsweise des Petitionsausschusses durch Art. 45c GG i.V.m. § 112 GOBT i.V.m. dem Gesetz über die Befugnisse des Petitionsausschusses (BGBL I S. 1921) geregelt.
[4] *Kunig*, in: Schmidt-Aßmann, Rdn. 176.

Sonderstellung zur allgemeinen Rechtsschutzgarantie des Art. 19 IV GG einnimmt[5]. Die Petition kann sich auf vergangene oder zukünftige Vorgänge beziehen und ist beliebig oft in derselben Angelegenheit zulässig. Richtet sich eine Petition gegen rechtskräftige Verwaltungsakte oder Gerichtsentscheidungen, ist sie zwar als formal zulässig zu qualifizieren, aber von der zuständigen Stelle als unbegründet zurückzuweisen[6].

Dass dem Beamten das allgemeine Petitionsrecht zusteht, ergibt sich aus Art. 17a I GG, da lediglich Soldaten und deren Angehörige zeitweise von diesem Grundrecht ausgenommen sind. Im Umkehrschluss ist der Beamte wie jeder Bürger befugt, Petitionen an die zuständigen Stellen zu richten[7]. Damit ist aber noch nicht geklärt, auf welche Art und Weise er dieses Grundrecht auszuüben berechtigt ist. Generell kann sich der Beamte auf Grundrechte berufen, außer bei Gesetzesvorbehalten. Jedoch dürfen auch diejenigen Grundrechte, die nicht unter einem Gesetzesvorbehalt stehen – und dies trifft für Art. 17 GG zu – vom Beamten nicht uneingeschränkt wahrgenommen werden. Hier ist nach der heute überwiegend h.M. einzelfallbezogen zwischen den betroffenen verfassungsrechtlichen Positionen unter Berücksichtigung des Leistungsprinzips der Verwaltung und der Funktionsfähigkeit der Verfassung abzuwägen, um einen Ausgleich der strittigen Positionen herbeizuführen[8]. Insofern enthält das Petitionsgrundrecht trotz des nicht vorhandenen Gesetzesvorbehalts verfassungsimmanente Schranken[9]. Notwendig kann eine solche Abwägung sein, wenn der Beamte seine Petition in amtlicher Eigenschaft vorträgt. Da die Grundrechtsträgerschaft von öffentlich-rechtlichen Körperschaften i.d.R. verneint wird, ist umstritten, ob dem Beamten, wenn er als Amtsträger für seinen Dienstherrn tätig wird, das Petitionsrecht zusteht[10]. Darüber hinaus ist zu beachten, dass sich der Beamte in einem freiwilligen Sonderrechtsverhältnis zu seinem Dienstherrn befindet und somit Beschränkungen der Grundrechte auch im Hinblick auf die in Art. 33 V GG erwähnten Grundsätze des Berufsbeamtentums gerechtfertigt sein können. Solche für das Petitionsgrundrecht relevanten Grundsätze sind konkret die in den §§ 35 ff. BRRG, 52 ff. BBG normierten Treue- und Verschwiegenheitspflichten, die verhältnismäßige

---

[5] *Bauer*, in: Dreier, Art. 17 Rdn. 12.
[6] BVerfGE 2,225,231 f. ; *Stein*, in: Wassermann, Art. 17 Rdn. 21 f.
[7] *Kunig*, in: Schmidt-Aßmann, Rdn. 176.
[8] *Dörr*, S. 26; zum Grundsatz der praktischen Konkordanz: *Jung-Lundberg-Höwing*, S. 53
[9] *Brenner*, in: v.Mangoldt/Klein/Starck, Art. 17 Rdn. 70.
[10] *Stein*, in: Wassermann, Art. 17 Rdn. 25 f.

Einschränkungen darstellen[11]. Hier muss aber zwischen streng verfassungskonformer Auslegung, die eine Mindermeinung darstellt und der h.M. differenziert werden: Eine von einem Amtsträger eingereichte Petition würde der Zulässigkeitsprüfung nach verfassungskonformer Auslegung nicht standhalten, da dem Dienstherrn (Körperschaft) und damit auch dem Beamten als Amtswalter i.d.R. keine Grundrechte zustünden, so dass dienstliche Angelegenheiten nur in nichtamtlicher Eigenschaft (als natürliche Person) petitionsmäßig vorgetragen werden dürften[12]. Diese Ansicht wird in den gängigen Kommentaren zum Grundgesetz, in den Lehrbüchern, sowie in der einschlägigen Rechtsprechung nicht vertreten. Dass der Beamte in seiner dienstlichen Eigenschaft grundsätzlich Petitionen einreichen darf, wird nicht bestritten. Hier wird vielmehr auf die Notwendigkeit hingewiesen, dass zunächst der Dienstweg auszuschöpfen sei, bevor der Beamte eine Petition einreichen dürfe[13], damit der Behörde die Gelegenheit gegeben werden könne, Abhilfe zu schaffen[14]. Eine Zuwiderhandlung würde den objektiven Tatbestand eines Dienstvergehens erfüllen. Ausgangspunkt für eine disziplinarrechtliche Maßname könnte der Vorwurf des Dienstherrn sein, der Beamte begehe mit seiner Petition die treuewidrige Flucht in die Öffentlichkeit[15]. In genau diesem Fall ist aber zwischen dem Petitionsrecht als Grundrecht und den Grundsätzen des Berufsbeamtentums (Art. 33 V GG i.V.m. §§ 35 ff. BRRG, 52 ff. BBG) von dergestalt abzuwägen, dass sich die verfassungsrechtlich gewährleisteten Rechte und Institutionen möglichst wirksam entfalten können[16]. Deshalb ist m. E. die Frage, ob der Beamte mit einer in dienstlicher Eigenschaft vorgetragenen Petition, die dienstliche Belange behandelt und die nicht erst nach Ausschöpfung des in § 171 I BBG vorbezeichneten Dienstweges erfolgt, ein Dienstvergehen begeht, nicht eindeutig geklärt.

Es gibt aber auch eine Reihe allgemeiner Umstände, die eine Petition eindeutig unzulässig werden lassen, unabhängig von der Rechtsstellung des Petenten. Zum einen darf eine Petition keinen beleidigenden, herausfordernden oder erpresserischen Inhalt haben und zum anderen darf sie nichts Verbotenes verlangen. Unzulässig ist auch der Versuch, das Einreichen einer Petition durch Druckausübung zu verhindern. Wenn durch die Petition gegen Strafgesetze

---

[11] *Brenner*, in: v.Mangoldt/Klein/Starck, Art. 17 Rdn. 72 ff.
[12] *Stein*, in: Wassermann, Art. 17 Rdn. 25 f.
[13] *Brenner*, in: v.Mangoldt/Klein/Starck, Art. 17 Rdn. 73.
[14] *Wagner*, Rdn. 302; *Achterberg*, Rdn. 174.
[15] *Brenner*, in: v.Mangoldt/Klein/Starck, Art. 17 Rdn. 74; kritisch: *Stein*, in: Wassermann, Art. 17 Rdn. 106; *Steiner*, Rdn. 146.
[16] *Dörr*, S. 26; *Jung-Lundberg-Höwing*, S. 53.

verstoßen wird, ist sie freilich ebenfalls unzulässig. Im Beamtenrecht kann das Petitionsrecht konkret mit den Straftatbeständen des Verrats von Staatsgeheimnissen, die von einer amtlichen Stelle geheimgehalten werden (§§ 95 ff. StGB), des Verrats von Dienstgeheimnissen (§§ 353 b, 353 c StGB) oder des Verrats anderer Geheimnisse kollidieren. Der Beamte würde dann das Gebot der Amtsverschwiegenheit verletzen (§§ 39 BRRG, 61 BBG)[17]. Erweist sich eine Petition nach sachlicher Prüfung, zu dem der Petitionsadressat verpflichtet ist, als zulässig, ist sie auf ihre Begründetheit zu prüfen und zu beantworten. Dem Petenten ist die Art der Erledigung schriftlich mitzuteilen; eine Begründung muss nicht zwingend enthalten sein. Da es sich bei Art. 17 GG um ein formelles Recht handelt, hat der Petent aber keinen Anspruch auf eine bestimmte Art der Erledigung[18]. Ist der zuständige Petitionsausschuss untätig, ist für den Petenten die allgemeine Leistungsklage zulässig. Bei ablehnender Bescheidung ist theoretisch eine Verfassungsbeschwerde über Art. 93 I Nr. 4a GG i.V.m. §§ 13 Nr. 8a, 90 BVerfGG möglich. Sonstige Rechtsmittel sind nicht gestattet[19].

Aus praktischen Gründen sollte das allgemeine Petitionsrecht im Bereich der außergerichtlichen Rechtsschutzmöglichkeiten vom Beamten aber als „letztes Mittel" angesehen werden, da die Prüfung der Petition i.d.R. längere Zeit in Anspruch nimmt als eine Beschwerde innerhalb der Behörde i.S.d. §§ 60 BRRG, 171 I BBG.

b. Anträge und Beschwerden (§§ 60 BRRG, 171 I BBG)

Der Beamte kann nach § 171 BBG jederzeit und ohne Angabe einer Rechtsgrundlage Anträge und Beschwerden gegen jede Art des Verwaltungshandelns vorbringen, auch wenn ausschließlich dienstliche Belange betroffen sind und kein Eingriff in die persönlichen Rechte vorliegt[20]. Dabei ist der Dienstweg über den jeweils nächsthöheren Vorgesetzten einzuhalten, wobei der Beschwerdeweg bis zur obersten Dienstbehörde offen steht, falls der Beschwerde nicht vorher abgeholfen wurde. Eine bestimmte Form oder Frist ist

---

[17] *Stein*, in: Wassermann, Art. 17 Rdn. 24 ff.
[18] *Scheerbarth/Höffken*, § 19 II; *Rauball*, in: v.Münch/Kunig, Art. 17 Rdn. 12 ff.; *Stein*, in: Wassermann, Art. 17 Rdn. 28 f.
[19] *Rauball*, in: v.Münch/Kunig, Art. 17 Rdn. 4.
[20] *Wagner*, Rdn. 298.

nicht vorgeschrieben. Der Beamte kann sich durch einen Bevollmächtigten vertreten lassen (§ 91 I S. 2 BBG)[21]. Beim Antrags- und Beschwerderecht nach § 171 BBG handelt es sich um die beamtenrechtliche Konkretisierung des allgemeinen verfassungsrechtlichen Petitionsrechts, so dass die Verwaltung auch hier zwar zur Entgegennahme, und aus Gründen der Fürsorgepflicht i.S.d. § 79 BBG zur sachlichen Prüfung sowie zur formellen Bescheidung verpflichtet ist, jedoch keine Begründung über die Art der Erledigung abzugeben braucht[22]. Die Bescheide sind nicht mit Rechtsmitteln anfechtbar, da mangels Regelung kein Verwaltungsakt vorliegt. Die Beschwerde kann das Verwaltungshandeln in seiner rechtlichen Wirkung nicht beeinträchtigen, so dass auch keine aufschiebende Wirkung durch Antrag oder Beschwerde vorliegen kann. Von der Behörde ist deshalb ggf. durch Rückfrage oder Auslegung zu prüfen, ob es sich um einen Widerspruch handelt, da eine Beschwerde nicht das Vorverfahren nach der VwGO ersetzt[23]. Unabhängig vom Beschwerderecht hat der Beamte aber (auch gleichzeitig) die Möglichkeit, die Verwaltungsgerichte anzurufen (§ 172 BBG).

Anträge und Beschwerden müssen sachbezogen sein. Herabsetzende oder beleidigende Eingaben würden der Pflicht zu achtungs- und vertrauenswürdigem Verhalten zuwiderlaufen (§ 54 S. 3 BBG) und ggf. disziplinarrechtliche Maßnahmen zeitigen. Der Beamte darf sich auch aufgrund der Treuepflicht zu seinem Dienstherrn sowie der Amtsverschwiegenheitspflicht (§§ 61 ff. BBG) analog zum allgemeinen Petitionsrecht nicht mit Beschwerden über Mitarbeiter oder dienstliche Belange an die Öffentlichkeit wenden. Vielmehr soll eine behördeninterne Regelung herbeigeführt werden. Insofern ist auch das Grundrecht auf Meinungsäußerungsfreiheit (Art. 5 I S. 1 GG) für den Beamten eingeschränkt[24].

Während Anträge den Dienstherrn zu einer dienstlichen oder verwaltungs-organisatorischen Maßnahme veranlassen sollen, richten sich Beschwerden gegen bereits getroffene Maßnahmen. Das Beschwerderecht wird in folgenden Ausgestaltungen ausgeübt:

Wird die Beschwerde bei der Stelle eingereicht, die über den Vorgang entschieden hat und wird die Änderung oder Aufhebung der Maßnahme oder der Erlass einer Gegenmaßnahme begehrt, liegt eine Gegenvorstellung vor.

---

[21] *Scheerbarth/Höffken*, § 19 II; *Wichmann/Langer*, Rdn. 299; *Plog/Wiedow/Beck/Lehmhöfer*, § 171 Rdn. 8.
[22] *Battis* BBG § 171 Rdn. 2,4.
[23] *Kunig*, in: Schmidt-Aßmann Rdn. 176; *Wagner*, Rdn. 301.
[24] *Plog/Wiedow/Beck/Lehmhöfer*, § 171 Rdn. 3; *Scheerbarth/Höffken*, § 19 II.

Wird das persönliche Verhalten eines Vorgesetzten oder sonstigen Mitarbeiters gerügt und deshalb eine dienstrechtliche Massnahme durch den nächsthöheren Dienstvorgesetzten gefordert, liegt eine Dienstaufsichtsbeschwerde vor. Richtet sich die Beschwerde dabei gegen den unmittelbaren Vorgesetzten, kann sich der Beamte direkt an den nächsthöheren Vorgesetzten wenden (§ 171 II BBG).

Beabsichtigt der Beamte dagegen die sachliche (nicht die rechtliche) Überprüfung einer Verwaltungsentscheidung der nachgeordneten Behörde durch die Aufsichtsbehörde, liegt eine Fachaufsichtsbeschwerde vor. So kann sich der Beamte auch nach erfolglosem Beschwerdeweg mit der Bitte um nochmalige Überprüfung an die Aufsichtsbehörde wenden[25].

Der Beamte darf wegen der Einlegung einer Beschwerde dienstlich nicht benachteiligt werden. Jedoch kann eine Anordnung, dessen Aufhebung begehrt wird, durch die Überprüfung eines höheren Vorgesetzten dann verschärft werden, wenn dieser nach pflichtgemäßem Ermessen zum Ergebnis gelangt, dass der Beamte dafür disziplinarrechtlich zur Verantwortung gezogen werde soll. Dies kann aber nur dann der Fall sein, wenn es sich bei der Anordnung um eine Rüge oder Ermahnung des Dienstherrn handelt[26].

Gegen die Nichtbescheidung eines Antrags oder einer Beschwerde kann der Beamte bei Erfüllung der sonstigen Voraussetzungen Widerspruch und Klage erheben, da ein verfassungsrechtlicher Anspruch auf Erledigung geltend gemacht werden kann[27].

c. Eingaben an unabhängige Stellen

Neben dem allgemeinen Antrags- und Beschwerderecht wird dem Beamten die Möglichkeit eingeräumt, Eingaben an andere, vom Dienstherrn unabhängige Stellen zu richten. So können Anregungen und Beschwerden auch bei der Personalvertretung geltend gemacht werden, ohne dass eine bestimmte Form oder Frist vorgeschrieben ist (§ 68 I Nr. 3 BPersVG)[28]. Eine Personalvertretung ist bei jeder selbständigen Verwaltungsstelle eingerichtet, wobei die Mitglieder jeweils getrennt von Beamten, Angestellten und Arbeitern gewählt werden. Durch

---

[25] *Wagner*, Rdn. 300; *Minz/Conze*, Rdn. 249.
[26] *Plog/Wiedow/Beck/Lehmhöfer*, § 171 Rdn. 13.
[27] *Scheerbarth/Höffken*, § 19 I.
[28] *Minz/Conze* Rdn. 250 f.; *Wagner*, Rdn. 303 f.; *Achterberg/Rüttner/Würtenberger*, Rdn. 174.

sie soll eine Interessensvertretung im Rahmen der durch das BPersVG normierten Befugnisse gewährleistet werden, so dass die Bediensteten sich in angemessener Form an der Regelung der Dienst- und Arbeitsverhältnisse beteiligen können[29]. Durch die Norm des § 68 I Nr. 1 und 3 BPersVG wird der Personalvertretung eine Unterstützungs- und Kontrollfunktion zuerkannt und da sich der Sinn formloser außergerichtlicher Rechtsbehelfe im Beamtenverhältnis vor allem aus der Fürsorgepflicht des Dienstherrn (§ 79 BBG) heraus erklärt, soll eben diese Fürsorgepflicht auch durch die Personalvertretung als eigenständiges Organ mitgestaltet werden[30]. Deshalb kommt ihr u. a. die Aufgabe zu, auf die Abstellung einer Beschwerde hinzuwirken. Dabei hat die Personalvertretung (oder die jeweilige Stufenvertretung bei mehrstufigen Verwaltungen) zunächst zu prüfen, ob die Beschwerde berechtigt erscheint. Liegt nach Ansicht der Personalvertretung eine berechtigte Beschwerde vor, ist durch Absprache mit dem Dienststellenleiter auf eine Lösung des in der Beschwerde enthaltenen Konflikts hinzuwirken. Kommt es nicht zu einer Abstellung der Beschwerde, wird dem Beschwerdeführer ein Ablehnungsbescheid erteilt, der nicht anfechtbar ist. Der Personalvertretung kommt also lediglich eine Vermittlerrolle zu; Entscheidungsbefugnis hat sie nicht[31].

Die Möglichkeit, Eingaben an den Bundespersonalausschuss zu richten, ist zum 01.01.1999 entfallen (§ 171 III BBG a.F.)[32]. Diese Beschwerdeform hatte vor allem den Zweck, grundsätzliche, über den Einzelfall hinausgehende Mängel im öffentlichen Dienst aufzuzeigen sowie ggf. auf eine mangelhafte Umsetzung der beamtenrechtlichen Vorschriften hinzuweisen (§ 98 I Nr. 4, 5 BBG a.F.). Entscheidungsbefugnis kam hierbei auch dem Bundespersonalausschuss nicht zu[33].

Ist der Beamte der Ansicht, dass er aufgrund einer missbräuchlichen Erhebung, Nutzung oder Verarbeitung seiner personenbezogenen Daten durch eine öffentliche Stelle in seinem Recht auf informationelle Selbstbestimmung verletzt worden ist, kann er sich an den Bundesbeauftragten für den Datenschutz wenden (§ 21 BDSG)[34].

---

[29] BVerfGE 28,214 (322).
[30] *Steiner*, Rdn. 140 ff.
[31] *Scheerbarth/Höffken*, § 19 II; *Minz/Conze*, Rdn. 252.
[32] *Wagner*, Rdn. 303.
[33] *Scheerbarth/Höffken*, § 19 II.
[34] *Wagner*, Rdn. 305; *Achterberg/Rüttner/Würtenberger*, Rdn. 174.

Berufssoldaten bei der Bundeswehr können ferner Eingaben an den Wehrbeauftragten des Bundestages richten (§ 7 G. ü. d. Wehrbeauftragten des Bundestages i.V.m. Art. 45 b GG).

Sonstige Begehren und Bitten von Beamten an Abgeordnete des Bundestages sind wegen der vorgenannten Eingabemöglichkeiten sowie des allgemeinen Petitionsrechts nicht vorgesehen, zumal das Prinzip der Gewaltenteilung (Art. 20 II S. 2 GG) als Kernelement des Rechtsstaates eine klare Trennung von Exekutive und Legislative vorsieht[35].

Beamte, denen aufgrund einer vorsätzlichen Straftat i. S. d. § 48 BBG durch rechtskräftiges Urteil die Beamtenrechte aberkannt wurden, können sich mit einem Gnadengesuch an den Bundespräsidenten wenden (§ 50 I BBG i.V.m. Art. 60 II GG)[36].

d. Die Rechtsschutzaspekte beim Remonstrationsverfahren (§§ 56 BBG, 38 BRRG) in bezug auf die beamtenspezifischen Haftungsnormen

Zunächst soll dargestellt werden, welcher Zweck durch das Remonstrationsverfahren verfolgt wird, und wie dieses abläuft.

Ausgangspunkt ist der in § 56 I BBG normierte Grundsatz, dass der Beamte für die Rechtmäßigkeit seiner dienstlichen Handlungen die volle persönliche Verantwortung trägt. Eine dienstliche Handlung ist rechtmäßig, wenn der Beamte in dessen Anwendung das gesamte materielle Recht wahrt[37]. Es muss jedoch eine subjektive Verletzung dieses Grundsatzes durch Vorsatz oder grobe Fahrlässigkeit vorliegen[38], da die objektive Verletzung allein nicht ausreicht, um den Beamten haftbar zu machen. Daraus ergibt sich die Pflicht des Beamten zur gewissenhaften Prüfung des rechtlichen Gehalts der Anordnung mittels Gesetzesauslegung, Rechtsprechung o.ä., um der persönlichen Verantwortung gerecht zu werden. Im Zweifelsfall hat er seinen unmittelbaren Vorgesetzten aufzusuchen. Er ist zur Wahrnehmung seines Amtes verpflichtet, sich für die

---

[35] *Scheerbarth/Höffken*, § 19 II.
[36] *Wichmann/Langer*, Rdn. 299.
[37] *Plog/Wiedow/Beck/Lehmhöfer*, § 56 BBG, Rdn. 1 f.
[38] *Plog/Wiedow/Beck/Lehmhöfer*, § 56 BBG, Rdn. 3.

Prüfung des Sachverhalts die dafür notwendigen Kenntnisse anzueignen (§ 36 BLV)[39].

Da zwischen der persönlichen Verantwortung (§ 56 I BBG) und der Gehorsamspflicht (§ 55 S. 2 BBG) ein Spannungsverhältnis besteht, wird dem Beamten durch das Remonstrationsverfahren ein Kompromiss eingeräumt, indem er seine Bedenken beim unmittelbaren Vorgesetzten geltend machen kann[40]. Wird die Anordnung von diesem aufrechterhalten, hat sich der Beamte an den nächsthöheren Vorgesetzten zu wenden. Falls die Meinungsverschiedenheiten nach Abschluss des Verfahrens weiter bestehen, hat die Entscheidung des höheren Vorgesetzten Vorrang (§ 56 II BBG). Der Beamte ist dann aber von seiner persönlichen Verantwortung befreit, es sei denn, dass mit der Ausführung der Diensthandlung eine Straftat oder Ordnungswidrigkeit begangen oder damit die Menschenwürde verletzt wird. Auch in Fällen besonderer Eilbedürftigkeit wegen Gefahr im Verzug (§ 56 III BBG) gilt dies entsprechend[41]. Verstößt der Beamte gegen das Gebot der persönlichen Verantwortung in schuldhafter Weise und begeht eine rechtswidrige Diensthandlung, sind – da dies den objektiven Tatbestand eines Dienstvergehens gem. § 77 BBG erfüllt – drei Rechtsfolgen denkbar. Zum einen kann der Beamte nach § 78 BBG in Regress genommen oder nach § 839 BGB i.V.m. Art. 34 S. 2 GG haftbar gemacht werden, sofern ein Bürger aufgrund grober Fahrlässigkeit des Amtsträgers Ansprüche gegen den betreffenden Hoheitsträger geltend macht. Zum anderen ist eine disziplinarrechtliche Ahndung und in seltenen Fällen strafrechtliche Sanktionen möglich[42].

Daraus ergibt sich die Fragestellung, welche rechtliche Qualität der Remonstration überhaupt zukommt.

Während zum einen die Auffassung vertreten wird, dass die Remonstration ausschließlich eine Dienstpflicht ohne jegliches Ermessen darstelle[43], wird zum anderen darauf hingewiesen, dass der Beamte durch die Remonstration gegen eine haftungsrelevante dienstliche Weisung vom persönlichen Haftungsrisiko befreit werden könne. Insofern diene die Remonstration auch dem Schutz des Beamten und stelle ein subjektives Recht dar, da dem Beamten wie beim

---

[39] *Plog/Wiedow/Beck/Lehmhöfer* , § 56 BBG, Rdn. 4.
[40] *Zängl*, § 56 Rz. 1.
[41] *Plog/Wiedow/Beck/Lehmhöfer*, § 56 Rdn. 4; *Zängl*, § 56 Rz. 1.
[42] *Zängl*, §56 Rz. 14 ff.
[43] *Wichmann/Langer*, Rdn. 297.

sonstigen Beschwerderecht nach § 171 BBG die Möglichkeit zur Geltendmachung von Rechtsmängeln eingeräumt werde[44].

Es ist auch zu beachten, dass der Anfechtung einer haftungsrelevanten Weisung eine ähnlich aufschiebende Wirkung zukommt wie dem Widerspruch, da der remonstrierende Beamte die dienstliche Weisung bis zur Entscheidung des jeweils nächsten Vorgesetzten nicht auszuführen braucht[45].

Deshalb ist die Remonstration m. E. nicht nur als Dienstpflicht und bloße Abwehrmöglichkeit, sondern auch – wie von Felix dargelegt - als spezialgesetzlicher Rechtsbehelf gegen die beamtenspezifischen Haftungsnormen zu qualifizieren[46].

Wird der Beamte nach erfolgloser Remonstration zur Ausführung einer Diensthandlung verpflichtet, ist er zwar vom Haftungsrisiko befreit, kann aber nichtsdestoweniger Widerspruch und Klage gegen die betreffende Weisung erheben. Nach der früheren, z.T. überholten Rechtsauffassung vom Grund- und Betriebsverhältnis ist eine verwaltungsgerichtliche Klage gegen eine innerdienstliche Weisung grundsätzlich unzulässig, wenn der Beamte nicht in seinen subjektiven Rechten verletzt ist und nur als Amtswalter seines Dienstherrn tätig ist[47]. Hier wird vor allem auf die Einschränkung der allgemeinen Rechtsweggarantie (Art. 19 IV GG) durch Art. 33 V GG, insbesondere wegen des Dienst- und Treueverhältnisses zwischen dem Beamten und seinem Dienstherrn, hingewiesen.

Die neuere Rechtsauffassung leitet z.T. aus der Formulierung „persönliche Verantwortung" (§ 56 I BBG) ab, dass eine Trennung von Amt und Person nicht voll haltbar sei, und stellt damit die Abgrenzung des Grundverhältnisses vom Betriebsverhältnis bzw. zwischen Amtswalter- und Dienstverhältnis in frage[48]. Darüber hinaus sei eine dienstliche Weisung, die für den Beamten haftungs-, straf- oder disziplinarrechtliche Rechtsfolgen haben könne, stets als Verwaltungsakt anzusehen[49].

Unabhängig von der rechtstheoretischen Diskussion um das Verhältnis von Remonstration und Widerspruch bleibt festzuhalten, dass letztlich die Widerspruchsbehörde (bzw. später die Verwaltungsgerichtsbarkeit) über die Zulässigkeit eines Widerspruchs (bzw. einer Klage) gegen eine innerdienstliche

---

[44] *Felix*, S. 157, S. 146.
[45] ähnlich: *Felix*, S. 157.
[46] insofern schließe ich mich der Einschätzung *Felix*'an (vgl. S. 146 ff. aaO.).
[47] *Monhemius*, Rdn. 671 ff.
[48] *Felix*, S. 169 ff. (insbes. 183 f.).
[49] *Felix*, S. 182.

Weisung entscheidet, da die Zulässigkeit eines solchen Widerspruchs in der Literatur weiterhin umstritten ist[50]

Insgesamt ist die Remonstration aufgrund der Haftungsfrage auch als eine zusätzliche, spezialgesetzliche Rechtsschutzmöglichkeit neben dem allgemeinen Antrags- und Beschwerderecht nach § 171 BBG zu bezeichnen.

II. Das Widerspruchsverfahren (§§ 126 III BRRG, 68 VwGO)

Wenn sich der Beamte durch eine Maßnahme seines Dienstherrn oder aufgrund einer sonstigen Streitigkeit in seinen Rechten verletzt fühlt, steht ihm nach Art. 19 IV GG der Rechtsweg zu den jeweiligen Gerichtszweigen zu. Dass dieses Justizgrundrecht vom Beamten trotz des Sonderrechtsverhältnisses zu seinem Dienstherrn wie von jedem Bürger ohne Vorbehalt wahrgenommen werden kann, ist heute unbestritten[51].

Nach § 126 I BRRG sind dazu auch frühere Beamte, Ruhestandstandsbeamte oder Hinterbliebene aus dem Beamtenverhältnis sowie Bewerber auf Einstellung befugt.

Bevor der Beamte aber die Verwaltungsgerichte anrufen darf, hat er gegen alle Maßnahmen, unabhängig davon, ob es sich dabei um einen Verwaltungsakt oder nur um schlichtes Verwaltungshandeln o. ä. handelt, zunächst Widerspruch einzulegen, so dass das Vorverfahren nach dem 8. Abschnitt der VwGO beginnt[52], welches eine Recht- und Zweckmäßigkeitsprüfung der angefochtenen Verwaltungsentscheidung zur Folge hat. Insofern handelt es sich um eine beamtenrechtliche Besonderheit (§ 126 III BRRG), da der Nichtbeamte vor Anrufung der Verwaltungsgerichte nur dann Widerspruch einzulegen braucht, wenn er die Beseitigung oder den Erlass eines Verwaltungsakts begehrt (§ 68

---

[50] nach der BVerwGE 14, 84 (87) ist für die Abgrenzung entscheidend, ob sich die potentiellen Wirkungen der Anordnungen nicht auf die Stellung des Beamten als Amtsträger beschränken, sondern sich darüber hinaus auf seine Position als eine dem Dienstherrn mit selbständigen Rechten gegenüberstehende Rechtspersönlichkeit erstrecken. Das BVerwG hat aber keine genauen Kriterien dazu aufgestellt.

[51] *Pottmann*, S. 236.

[52] *Wichmann/Langer*, Rdn. 302; *Monhemius*, Rdn. 670.

VwGO)[53]. Zudem ist ggf. auch gegen Entscheidungen der obersten Dienstbehörde Widerspruch einzulegen (§ 126 III Nr. 1 BRRG).

Handelt es sich bei der angefochtenen Maßnahme um einen belastenden Verwaltungsakt, hat der Widerspruch aufschiebende Wirkung (§ 80 I VwGO). Der ergangene Verwaltungsakt wird dabei aus Gründen der Rechtssicherheit zwar nicht in seiner Wirksamkeit beeinträchtigt, aber seine Vollziehung wird gehemmt (Suspensiveffekt). Der Beamte braucht in diesem Fall der betreffenden Weisung der Behörde nicht Folge zu leisten, da eine Vollstreckung nicht möglich ist, außer in Fällen, in denen die Vollziehung im öffentlichen Interesse oder im überwiegenden Interesse eines Beteiligten geboten ist (§ 80 II Nr. 4 VwGO). Macht die Behörde ein solches Interesse geltend, muss dies schriftlich begründet werden (§ 80 III VwGO)[54].

Bei Widersprüchen gegen Versetzungen und Abordnungen tritt im übrigen keine aufschiebende Wirkung ein. Der Vollzug dieser Maßnahmen kann lediglich durch das Erwirken einer einstweiligen Anordnung beim Verwaltungsgericht verhindert werden[55].

Da die Entscheidungskompetenz im Widerspruchsverfahren von der Ausgangs- auf die Oberste Dienstbehörde übergeht, spricht man in diesem Zusammenhang vom Devolutiveffekt des Widerspruchs[56].

Die häufigsten Ausgangssituationen für Widersprüche aus dem Beamten- verhältnis sind entweder der Erlass eines belastenden Verwaltungsakts durch den Dienstherrn oder die Ablehnung eines Antrags auf Erlass eines begünstigenden Verwaltungsakts[57]. Möglich ist aber z. B. auch ein Widerspruch gegen dienstliche Beurteilungen, die lediglich als schlichtes Handeln zu qualifizieren sind.

Durch das Widerspruchsverfahren bezweckt der Gesetzgeber, dass die Exekutive ihre Maßnahme vor Anrufung der Gerichte noch einmal einer Kontrolle unterziehen kann; zudem soll die Judikative entlastet werden[58].

Der Widerspruch kann wie die Klage nur dann erfolgreich sein, wenn er zulässig und begründet ist. Da sich die Widerspruchsbehörde ausschließlich mit zulässigen Widersprüchen befasst, bevor die Begründetheit geprüft wird, werden

---

[53] *Monhemius*, Rdn. 659.
[54] *Monhemius*, Rdn. 695 f.
[55] *Wagner*, Rdn. 309 f.; *Achterberg/Rüttner/Würtenberger*, Rdn. 149.
[56] *Schmidt*, S. 180.
[57] *Monhemius*, Rdn. 653.
[58] *Monhemius*, Rdn. 654; *Schmidt*, S. 178.

im folgenden kurz die Zulässigkeitsvoraussetzungen der Verwaltungsklage angesprochen, die analog für die Prüfung des Widerspruchs gelten.

Zunächst muss der Widerspruch statthaft sein. Darunter versteht man die Erfordernis, dass der für die Ausgangssituation richtige Rechtsbehelf ausgewählt wurde. Da der Beamte bei sämtlichen Handlungen der Verwaltung zunächst Widerspruch einzulegen hat, ist dies unproblematisch.

Zudem müssen Form und Frist gewahrt sein, da es sich beim Widerspruch um einen förmlichen außergerichtlichen Rechtsbehelf handelt. Er muss binnen eines Monats nach der Bekanntgabe des belastenden bzw. nach der Ablehnung des begünstigenden Verwaltungsakts schriftlich oder zur Niederschrift bei der Behörde eingereicht werden (§ 70 I VwGO). Letztere Möglichkeit setzt voraus, dass der Beamte persönlich bei der Behörde erscheint, damit der Widerspruch zu Protokoll genommen werden kann. Die Frist kann sich auf ein Jahr verlängern, falls keine einwandfreie Rechtsbehelfsbelehrung erteilt wurde (§§ 70 II, 58 I VwGO). Ist die angefochtene Maßnahme kein Verwaltungsakt i. S. d. § 35 S. 1 VwVfG, entfällt nach h.M. die Fristerfordernis. In solchen Fällen entscheidet die Behörde nach Treu und Glauben i.S.d. § 242 BGB, ob das Verhalten des Beamten darauf schließen lässt, dass er nicht mehr gegen die Verwaltungsentscheidung vorzugehen gedenkt[59].

Die ausdrückliche Bezeichnung „Widerspruch" ist nicht erforderlich; der Inhalt des Schreibens muss aber deutlich werden lassen, dass sein Verfasser das Verwaltungshandeln nicht gelten lassen möchte und die Behörde zur Beseitung oder Änderung der Maßnahme auffordert[60].

Außerdem muss der Beamte widerspruchsbefugt sein (§ 42 II VwGO analog). Widerspruchsbefugnis liegt vor, wenn der Beamte geltend machen kann, durch die behördliche Maßname als eigenständige Rechtsperson in seinen subjektiven Rechten verletzt zu sein. Er muss sich dabei auf eine Norm berufen können, die nicht nur dem Allgemeininteresse, sondern auch dem Schutz und Interesse des Einzelnen dient. Dabei muss der Beamte zum geschützten Personenkreis dieser Norm gehören.

Zudem ist ggf. zwischen Remonstration und Widerspruch zu differenzieren, wenn strittig ist, ob der Beamte als Amtswalter im Behördenmechanismus oder als eigenständige Rechtsperson gehandelt hat (vgl. auch Abschnitt d.).

Nach Einlegung des Widerspruchs ist von der obersten Dienstbehörde zu prüfen, ob der Widerspruch zulässig und begründet ist. Liegen diese Voraussetzungen

---

[59] *Monhemius*, Rdn. 655 ff.
[60] *Schmidt*, S. 186.

vor, wird dem Widerspruch entweder durch Aufhebung der angefochtenen Entscheidung oder durch Erlass einer abgelehnten bzw. unterlassenen Maßnahme abgeholfen und über die Kosten entschieden (§ 72 VwGO). Ist der Widerspruch unzulässig oder unbegründet, wird er zurückgewiesen. Der Widerspruchsbescheid, der mit einer Rechtsbehelfsbelehrung zu versehen ist, wird in beamtenrechtlichen Angelegenheiten ausschließlich durch die Oberste Dienstbehörde oder durch die von ihr durch allgemeine Anordnung bestimmte Behörde erlassen (§ 126 III Nr. 2 BRRG).

Begründetheit liegt vor, wenn die beanstandete Maßnahme oder die Ablehnung der beantragten Maßnahme rechtswidrig ist und der Beamte in seinen persönlichen Rechten verletzt ist (§ 113 I S.1 VwGO analog). Von formeller Rechtswidrigkeit spricht man, wenn eine unzuständige Stelle gehandelt hat oder sonstige Verfahrens- oder formelle Fehler vorliegen. Materielle Rechtswidrigkeit liegt vor, wenn das Recht falsch angewandt wurde oder wenn die Behörde von einem falschen Sachverhalt ausgegangen ist.

Darüber hinaus ist zu prüfen, ob die angegriffene Entscheidung der Verwaltung zweckmäßig ist. Erforderliches Kriterium ist dabei, dass die Behörde aus mehreren Möglichkeiten die zweckmäßigste ausgewählt hat[61].

Die Anfechtung einer belastenden dienstlichen Weisung darf nicht dazu führen, dass die Widerspruchsbehörde diese noch verschlechtert[62].

Die Kosten für ein erfolgloses Widerspruchsverfahren sind vom Beamten aus Gründen der Fürsorgepflicht nicht zu erstatten (§ 80 I S. 3 Nr. 1 VwVfG). Dies gilt nicht für eigene Anwaltskosten[63].

---

[61] *Monhemius*, Rdn. 655 ff.
[62] *Monhemius*, Rdn. 676 ff., *Wichmann/Langer*, Rdn. 307.
[63] *Wagner*, Rdn. 311.

B. Der gerichtliche Rechtsschutz

I. Zuständigkeit

Bevor der Beamte eine Klage erheben kann, muss er zunächst die sachliche, instanzielle und örtliche Zuständigkeit für die Streitigkeit klären[64].

Die sachliche Zuständigkeit ergibt sich aus § 45 VwGO, wonach der Kläger im Grundsatz bei allen öffentlich-rechtlichen Streitigkeiten nicht verfassungsrechtlicher Art nach § 40 I S. 1 VwGO den allgemeinen Verwaltungsrechtsweg einzuschlagen hat, soweit die Streitigkeit nicht durch Gesetz einem anderen Gericht zugewiesen ist (§ 40 I S. 2 VwGO). Diese Generalklausel wird aber in beamtenrechtlichen Streitigkeiten durch die in § 126 I BRRG enthaltene aufdrängende Spezialzuweisung verdrängt, wonach für alle Klagen aus dem Beamtenverhältnis der Verwaltungsrechtsweg gegeben ist. Die Voraussetzungen des § 40 I VwGO brauchen deshalb nicht weiter geprüft zu werden. Eine beamtenrechtliche Streitigkeit liegt vor, wenn der Streit nach beamtenrechtlichen Vorschriften, einschließlich aller Nebengebiete wie z. B. Beihilfe- oder Reisekostenrecht, zu beurteilen ist[65].

Für alle Klagen erster Instanz sind bis auf die in den §§ 48, 50 VwGO aufgezählten Ausschlussfälle die Verwaltungsgerichte instanziell zuständig.

Die örtliche Zuständigkeit ergibt sich aus dem dienstlichen Wohnsitz des Beamten, der dem Sitz der Behörde entspricht (§ 52 Nr. 4 S. 1-2 VwGO).

Beklagter ist immer der Dienstherr, niemals die Behörde (§ 78 VwGO). Der Dienstherr lässt sich dabei i.d.R. durch den Dienstvorgesetzten vertreten[66].

Bei Dienstvergehen sowie bei Feststellungen über den Verlust von Dienst- oder Versorgungsbezügen sind die Disziplinargerichte zuständig. Disziplinargerichte sind besondere Spruchkammern bei den Verwaltungsgerichten. Bei den Oberverwaltungsgerichten werden dafür spezielle Senate für Disziplinarsachen

---

[64] *Monhemius*, Rdn. 687.
[65] *Monhemius*, Rdn. 656 f.
[66] *Wichmann/Langer*, Rdn. 308.

eingerichtet (§ 45 BDG)[67]. Vom Verdacht des Dienstvergehens kann sich der Beamte auf Antrag beim Dienstvorgesetzten durch das sog. Selbstreinigungsverfahren nach § 18 BDG befreien.

Sind auf den Sachverhalt beamtenrechtliche Vorschriften nicht vorrangig anzuwenden, ist die Verwaltungsgerichtsbarkeit nicht zuständig. Dies trifft in den folgenden Fällen zu:

Bei Klagen auf Leistungen oder Erstattungen nach dem Bundeskindergeldgesetz (§ 27 BKGG) ist die Zuständigkeit der Sozialgerichtsbarkeit gegeben.

Möchte der Beamte im Wege einer Klage dagegen vorgehen, dass ihn der Dienstherr wegen eines Schadens aus Amtshaftung in Regress nimmt, ist die Zivilgerichtsbarkeit nach § 13 GVG ebenso zuständig wie für den umgekehrten Fall, wenn der Beamte den Dienstherrn wegen Amtspflichtverletzung ihm gegenüber auf Schadenersatz verklagen möchte. Hier geht die verfassungsrechtliche Bestimmung des Art. 34 S. 3 GG den beamtenrechtlichen Vorschriften im Sinne des Prinzips des Gesetzesvorrangs vor.

Bei Verfassungsbeschwerden nach Art. 93 I Nr. 4a GG und den §§ 13 Nr. 8a, 90 ff. BverfGG gegen den Dienstherrn, ist – sofern sich der Beamte in Grundrechten verletzt fühlt oder sich auf die in Art. 33 GG enthaltenen Rechte stützt – die Zuständigkeit des BVerfG gegeben.

---

[67] *Scheerbarth/Höffken*, § 19 II.

II. Kontrolle des Verwaltungshandelns

durch die verwaltungsgerichtlichen Rechtsbehelfe

a. Klagen 1. Instanz

Der Beamte kann nach erfolglosem Widerspruchsverfahren gegen seinen Dienstherrn verschiedene Klagen erheben. Durch den Geltungsbereich der Rechtsweggarantie gem. Art. 19 IV GG ist unabhängig von der Rechtsnatur der Verwaltungsentscheidung auch im Beamtenverhältnis jede Verletzung eines subjektiven Rechts einklagbar[68].

Die Zulässigkeit der einzelnen Klagen bestimmt sich dabei – sofern der Verwaltungsrechtsweg gegeben ist - nach den Vorschriften der VwGO. Gerichtlicher Rechtsschutz kann nur gewährt werden, wenn die richtige Klage- bzw. Antragsart erfolgt ist. Es lassen sich nach der VwGO prozessrechtlich drei Klageformen unterscheiden: Leistungs-, Gestaltungs- und Feststellungsklagen[69].

Die Leistungsklage dient der Geltendmachung von öffentlich-rechtlichen Ansprüchen auf ein Tun, Dulden oder Unterlassen der Verwaltung. Sie kann in Form einer Verpflichtungs- oder allgemeinen Leistungsklage erhoben werden.

Mit der Verpflichtungsklage (§ 42 I 2. Hs. VwGO) kann der Beamte den Erlass eines für ihn begünstigenden Verwaltungsakts begehren. Falls der Verwaltungsakt von der Behörde unterlassen oder abgelehnt wurde, kann die Behörde durch Unterlassungs- oder Vornahmeklage zum Erlass verurteilt werden. Der Beamte muss dazu wie auch bei allen anderen Klagearten klagebefugt sein. Amtshandlungen, die keine Verwaltungsakte darstellen, können hierbei nicht begehrt werden[70].

Als Beispiel für eine Vornahmeklage kommt ein abgelehnter Antrag des Beamten auf Sonderurlaub in frage, den er in Kenntnis der SUrlVO rechtzeitig gestellt hat. Da die Urlaubsgewährung in keinem direkten Zusammenhang zur öffentlichen

---

[68] *Kunig*, in: Schmidt-Aßmann, Rdn. 182.
[69] *Monhemius*, Rdn. 681.
[70] *Wagner*, Rdn. 312

Aufgabenerfüllung steht, könnte der Beamte eine Verletzung der allgemeinen Handlungsfreiheit i. S. d. Art. 2 I GG geltend machen und eine Verpflichtungsklage erheben, die auf die Gewährung des Sonderurlaubs gerichtet ist[71]. Auch gegen die Ablehnung eines Beihilfeantrags könnte eine solche Klage erhoben werden[72].

Bei erfolgreich erhobener Klage verpflichtet das Gericht die zuständige Behörde, den angestrebten Verwaltungsakt zu erlassen, wenn die Sache spruchreif ist (§ 113 V S. 1 VwGO). Bei fehlender Spruchreife verpflichtet das Gericht die Behörde, den Beamten unter Beachtung der Rechtsauffassung des Gerichts neu zu bescheiden (§ 113 V S. 2 VwGO)[73].

Mit der allgemeinen Leistungsklage wird entweder die Vornahme schlichten Verwaltungshandelns (Vornahmeklage) oder dessen Unterlassen (Unterlassungsklage) begehrt. Möglich ist zudem eine vorbeugende Unterlassungsklage in Fällen, in denen die Rechtsverletzung noch nicht eingetreten ist. Diese Klageart ist stets dann anzuwenden, wenn es sich bei der betreffenden dienstlichen Anordnung nicht um einen Verwaltungsakt handelt und damit Anfechtungs- oder Verpflichtungsklage ausscheiden.

Aus einer Grundsatzentscheidung des BVerwG geht hervor, dass dienstliche Maßnahmen, welche unter normalen Umständen unanfechtbare Behördeninterna darstellen und deshalb keine Außenwirkung entfalten, im Einzelfall eine Verletzung des persönlichen Rechtskreises bedeuten können und deshalb mit der allgemeinen Leistungsklage anfechtbar sind[74].

Der allgemeinen Leistungsklage kommt insofern eine Auffangfunktion zu. Sie ist zwar in der VwGO nicht ausdrücklich geregelt, wird aber in der Überschrift der § 43 II, 111, 113 IV, 170 VwGO als gegeben vorausgesetzt. Fühlt sich der Beamte beispielsweise bei der Bewertung seines Dienstpostens benachteiligt und möchte in eine andere Besoldungsgruppe eingestuft werden, kann er gegen die Dienstpostenbewertung allgemeine Leistungsklage erheben, damit der Dienstherr ggf. zur Höherbewertung verurteilt wird[75].

---

[71] *Jung Lundberg-Höwing*, S. 165 f.
[72] *Wagner*, Rdn. 313
[73] *Schmidt*, S. 1 ff.
[74] BVerwGE 14, 84 in: *Steiner*, Rdn. 147
[75] *Jung Lundberg-Höwing*, S. 140 f.; *Wagner*, Rdn. 314

Die Verpflichtung, während der Dienstzeit eine bestimmte Amtstracht zu tragen, könnte ebenfalls eine Ausgangsituation für eine allgemeine Leistungsklage sein. Der Beamte könnte so versuchen, die Anweisung zurücknehmen zu lassen[76]. Die Begründetheit der allgemeinen Leistungsklage wird nach § 113 V VwGO vorgenommen[77].

Bei der zweiten Klageform handelt es sich um die Gestaltungsklagen. Sie dienen der sofortigen Änderung der Rechtslage durch ein gerichtliches Urteil. Die Rechtsänderung soll mit Rechtskraft des Urteils i. S. d. § 121 VwGO eintreten. Innerhalb der Gestaltungsklagen ist vor allem die Anfechtungsklage hervorzuheben. Sie ist auf die Aufhebung eines für den Beamten belastenden Verwaltungsakts gerichtet (§ 42 I 1. Alt. VwGO). Sofern die für den Beamten belastende behördliche Maßnahme als Verwaltungsakt zu qualifizieren ist, hat er diese Klageart zu wählen.

So kann der Beamte etwa gegen dienstliche Versetzungen oder Abordnungen, die aufgrund des Behördenwechsels für den Beamten nach h.M. als Verwaltungsakte zu bewerten sind, Anfechtungsklage erheben[78]. Da eine Versetzung oder Abordnung für den Beamten jedoch nicht zwangsläufig mit einer Belastung verbunden sein muss, ist dann vom Verwaltungsgericht zu prüfen, ob eine besondere Härte vorliegt, die eine Verletzung der subjektiven Rechte wahrscheinlich macht und insoweit über die Beamtenpflichten hinausreicht[79]. Ist der Beamte vor einer dieser Maßnahmen nicht angehört worden (§ 26 I S. 3 BBG), könnte er zudem Verfahrensfehler geltend machen und deshalb klagebefugt sein.

Umstritten ist jedoch, ob der Beamte auf dem Klageweg eine gerichtliche Nachprüfung von Einstellungen in den öffentlichen Dienst oder von Beförderungen mit dem Ziel, eine dieser Maßnahmen gerichtlich aufheben zu lassen, erreichen kann, wenn er der Auffassung ist, dass er im Auswahlverfahren auf rechtswidrige Weise übergangen wurde[80]. Da die Einstellung als Verwaltungsakt mit Drittwirkung zu bewerten ist, weil der ausgewählte Bewerber zwar begünstigt wird, aber die Übrigen benachteiligt werden, wäre die Anfechtungsklage die statthafte Klage. Diese sog. beamtenrechtliche

---

[76] *Jung Lundberg-Höwing*, S. 156 f.
[77] *Schmidt*, S. 1 ff, S. 66 ff.; *Wagner*, Rdn. 313 f.
[78] *Jung Lundberg-Höwing*, S. 108.
[79] *Jung-Lundberg-Höwing*, S. 101. Problematisch ist in diesem Zusammenhang, ob auch die Umsetzung als Verwaltungsakt zu qualifizieren ist, wenn der Beamte in seinem persönlichen Rechtskreis getroffen ist, vgl. dazu S. 112 a.a.O.
[80] *Wichmann/Langer*, Rdn. 313; *Wagner*, Rdn. 317.

Konkurrentenklage ist aber nach der h.M. unzulässig, da vor allem die Funktionsfähigkeit der Verwaltung für die Stabilität einmal ausgesprochener Einstellungen spreche[81].

Die Feststellungsklagen stellen die dritte Klageform dar, die auf die rechtliche Überprüfung und anschließende Klärung eines Rechtsverhältnisses gerichtet sind (§ 43 I VwGO). Feststellungsklagen finden insbesondere dann Anwendung, wenn das Bestehen oder Nichtbestehen eines verwaltungsrechtlichen Rechtsverhältnisses oder die Nichtigkeit eines Verwaltungsakts rechtskräftig festgestellt werden soll, wobei diese Klageform nur insoweit zulässig sind, als der Beamte seine Rechte nicht durch eine Gestaltungs- oder Leistungsklage hätte wahrnehmen können (§ 43 II VwGO)[82].

Ist der Beamte z. B. der Ansicht, dass seine dienstliche Beurteilung berichtigt werden muss, da er sich ungerecht behandelt fühlt, kann er gegen die Beurteilung die allgemeine Feststellungsklage erheben[83].

Es gibt hierbei mehrere Klageunterarten: Dabei handelt es sich um Fortsetzungsfeststellungsklagen, die auf die Feststellung gerichtet sind, dass ein Verwaltungsakt, der sich nach Klageerhebung, aber noch vor der Urteilsverkündung durch Rücknahme oder anderweitig erledigt hat, materiell rechtswidrig war.

Wenn der Beamte nach erfolglos durchgeführtem Widerspruchsverfahren Anfechtungsklage gegen eine dienstliche Weisung erhebt und die Behörde noch vor Abschluss des Verfahrens die Anordnung aufhebt, weil sie zweifelt, ob ihre Rechtsauffassung einer gerichtlichen Überprüfung standhält, ist so eine Anfechtungsfortsetzungsfeststellungsklage (§ 113 I S. 4 VwGO) möglich, damit der Beamte dennoch die Rechtswidrigkeit der Anordnung feststellen lassen kann. Der Prozess wird in solchen Fällen aufrechterhalten.

Erhebt der Beamte Verpflichtungsklage gegen eine behördliche Maßnahme und erlässt die Behörde dann mit sofortiger Wirkung einen Verwaltungsakt, weil ihr Bedenken kommen, ob ihre Rechtsauffassung vor Gericht Bestand hat, kann der Beamte nichtsdestoweniger eine Verpflichtungsfortsetzungsfeststellungsklage (§§ 113 V, 113 I S. 4 VwGO analog) erheben, um die Rechtmäßigkeit der Verwaltungsentscheidung gerichtlich klären zu lassen. *Schmidt* nennt als Beispiel die Klage eines Beamten gegen die Nichteinstellung ins Beamtenverhältnis, da

---

[81] *Wagner*, Rdn. 317 f.; anders: *Wichmann/Langer*, Rdn. 314.
[82] *Schmidt*, S. 79 ff.
[83] *Jung Lundberg-Höwing*, S. 129 f.

eine Behörde vor der Einstellung auf einem separaten Formular genaue Informationen über das politische Engagement des Bewerbers erfragte, die vom Bundesamt für Verfassungsschutz überprüft werden sollte. Der Beamte wollte die Rechtmäßigkeit dieser Befragung gerichtlich klären lassen, obgleich die betreffende   Behörde ihre Entscheidung noch der letzten mündlichen Verhandlung zurückgezogen hatte[84].

Möchte der Beamte gegen eine Disziplinarmaßnahme, der er zunächst nicht widersprochen und befolgt hat, anschließend noch gerichtlich vorgehen, kann er dies in Form einer erweiterten Fortsetzungsfeststellungsklage (§ 113 I S. 4 VwGO) in angemessener Frist tun[85].

b. Vorläufiger Rechtsschutz

Da die Prüfung eines Widerspruchs durch die Widerspruchsbehörde oder einer verwaltungsgerichtlichen Klage durch das Gericht mit einer längeren Zeitspanne einhergeht, hat der Gesetzgeber Instrumente vorläufigen Rechtsschutzes geschaffen, damit die Behörde in der Zeit bis zur endgültigen Entscheidung keine Maßnahmen treffen kann, die das durch den Rechtsbehelf beabsichtigte Ziel beeinträchtigen und somit für den Beamten eine Belastung darstellen würde[86].

Die im Abschnitt über das Widerspruchsverfahren erwähnte aufschiebende Wirkung (Suspensiveffekt) des Widerspruchs nach § 80 I VwGO ist damit diesen Instrumenten zuzuordnen.

Bei den vorläufigen Rechtsschutzmöglichkeiten handelt es sich stets um Nebenverfahren in den Verwaltungsstreitverfahren[87].

Wenn der Beamte eine belastende Maßnahme einstweilig abwehren oder den Erlass eines begünstigenden Verwaltungsakts oder einer sonstigen begünstigenden Maßnahme erreichen möchte, kann er dazu beim Verwaltungsgericht eine einstweilige Anordnung nach § 123 VwGO beantragen. Der Antrag ist mithin nur bei allgemeinen Leistungs- und Verpflichtungsklagen

---

[84] *Schmidt*, S. 82.
[85] *Schmidt*, S. 82.
[86] *Monhemius*, Rdn. 694.
[87] *Scheerbarth/Höffken*, § 19 II.

zulässig, da bei der Anfechtungsklage auch ohne Antrag vorläufiger Rechtsschutz eintritt[88].

Der Beamte kann sich durch eine Sicherungsanordnung, die das Gericht nach § 123 I S. 1 VwGO erlassen kann, seine bestehende Rechtsposition vorläufig sichern (Bewahrung des status quo). Auf diese Anordnung muss er nicht nur Anspruch haben, sondern zudem einen Grund für den Erlass glaubhaft machen. Der Anordnungsanspruch entspricht weitgehend der Klagebefugnis im Hauptverfahren. Ein Anordnungsgrund liegt vor, wenn mit der Durchsetzung der Maßnahme ein wesentlicher erschwerender Eingriff in sein Recht verbunden wäre. Er kann sich dabei auch auf Zeugenaussagen oder eidesstattliche Versicherungen berufen.

Soll ein belastender Zustand, dem sich der Beamte ausgesetzt sieht, vorläufig verändert werden, damit wesentliche Nachteile vermieden werden oder drohende Gewalt abgewendet werden können, kann das Gericht eine Regelungsanordnung nach § 123 I S. 2 VwGO erlassen (Änderung des status quo). In Abgrenzung zur Sicherungsanordnung liegt also der Grund für den Erlass einer Regelungsanordnung an einer möglicherweise drohenden Gefahr oder an schwerwiegenden Nachteilen, der sich der Beamte durch die Anordnung ausgesetzt sehen würde[89]. Die Regelungsanordnung umfasst somit mehr Fallkonstellationen. Da beamtenrechtliche Konkurrentenklagen nach h.M. unzulässig sind[90], kann sich der Bewerber mit diesem Rechtsbehelf vorläufig gegen die Einstellung eines Konkurrenten in den öffentlichen Dienst oder gegen die Besetzung eines sonstigen Postens innerhalb der Verwaltung zur Wehr setzen, indem der Dienstherr durch das Gericht verpflichtet werden kann, die betreffenden Kriterien des Auswahlverfahrens oder eines sonstigen Eignungsprüfungsverfahrens offenzulegen. Damit ein Anordnungsanspruch gegeben ist, muss der Kläger schlüssig darlegen, dass dem Diensthern im Auswahlverfahren ein Fehler unterlaufen ist oder dass sonstige materiell-rechtliche Fehler wie z. B. ein Verstoß gegen das Leistungsprinzip vorliegen[91]. Zudem muss er darlegen können, dass es sich um einen eilbedürftigen Fall handelt. Beide Varianten - Sicherungs- und Regelungsanordnung - bedeuten für den Beamten aber ein Kostenrisiko, da der Beamte im Falle einer

---

[88] *Monhemius*, Rdn. 698 f.
[89] *Monhemius*, Rdn. 701 f.
[90] vgl. S. 20 dieser Hausarbeit.
[91] *Wagner*, Rdn. 320; *Scheerbarth/Höffken*, § 19 IV.

ungerechtfertigten einstweiligen Verfügung dem Dienstherrn den Schaden, der diesem entstanden ist, zu ersetzen hat (§ 123 III VwGO i.V.m. § 945 ZPO)[92].

Bei Anfechtungswidersprüchen kann der Beamte ferner durch das Aussetzungsverfahren nach § 80 V VwGO vorläufigen Rechtsschutz in Anspruch nehmen, sofern die Behörde die sofortige Vollziehung einer Maßnahme aufgrund öffentlichen Interesses oder aufgrund des überwiegenden Interesses eines Beteiligten (§ 80 II S. 1 Nr. 4 VwGO) an der Vollziehung angeordnet hat.

Entspricht das Gericht dem Antrag, wird die aufschiebende Wirkung wiederhergestellt.

Überdies sind in § 80 Abs. II S. 1 Nr. 1-3 VwGO weitere Gründe genannt, bei denen der Suspensiveffekt entfällt. Hier kann das Gericht die aufschiebende Wirkung auf Antrag anordnen[93].

Wurde der Verwaltungsakt zum Zeitpunkt der Gerichtsentscheidung bereits vollzogen, kann das Gericht die Aufhebung der Vollziehung anordnen (§ 80 V S. 3 a.a.O.). Das Verfahren nach § 80 V VwGO muss wie jedes andere Verwaltungsgerichtverfahren zur Sachentscheidung angenommen werden und begründet sein[94].

War der Beamte ohne Verschulden an der Einhaltung einer für ein Rechtsbehelfsverfahren vorgeschriebenen gesetzlichen Frist gehindert, kann er innerhalb von zwei Wochen nach Wegfall des Hindernisses auch einen Antrag auf Wiedereinsetzung in den vorigen Stand stellen (§ 60 VwGO), so dass ihm daraus kein Nachteil erwächst.

---

[92] *Schmidt*, S. 67.
[93] *Scheerbarth/Höffken*, § 19 IV.
[94] *Schmidt*, S. 69.

II.Kontrolle der Gerichtsentscheidungen durch die verwaltungsgerichtlichen Rechtsmittel

a. Berufung und Revision (§§ 124, 132 VwGO)

Gegen Entscheidungen der 1. Instanz kann der Beamte wie jeder Bürger Berufung und später ggf. Revision einlegen. Diesen Rechtsmitteln kommt i.d.R. Suspensiv- und Devolutiveffekt zu[95].

Gegen ein Urteil des Verwaltungsgerichts steht dem Beamten durch Antrag auf Zulassung beim Oberverwaltungsgericht also zunächst das Rechtsmittel der Berufung offen (§ 124 VwGO). Das Oberverwaltungsgericht ist zugleich die letzte Tatsacheninstanz. Zur Einlegung der Berufung sind auch sonstige Beteiligte wie z. B. Beigeladene am Verfahren der 1. Instanz berechtigt[96].

Die Berufung wird nur aus den in § 124 II VwGO genannten Gründen zugelassen, wobei jeder dieser Zulassungsgründe die Berufung in vollem Umfang eröffnet. Die Berufung ist ergo zuzulassen, wenn ernstliche Zweifel an der Richtigkeit des Urteils bestehen (Abs. II Nr. 1 a.a.O.). Ernsthafte Zweifel am Ergebnis der erstinstanzlichen Entscheidung liegen vor, wenn der Betroffene der Ansicht ist, dass er einer ungerechten oder grob unbilligen Gerichtsentscheidung anheimgefallen ist und diese Ansicht objektiv überprüfbar ist. Es muss sich dabei um rechtserhebliche Zweifel handeln[97]. Nach Nr. 2 a.a.O. ist die Berufung auch zugelassen, wenn die Rechtssache besondere tatsächliche oder rechtliche Schwierigkeiten aufweist. Als besondere tatsächliche Schwierigkeiten gelten wirtschaftliche, technische, wissenschaftliche oder sonstige Zusammenhänge, die in engem Zusammenhang mit dem strittigen Sachverhalt stehen und Unklarheiten aufweisen. Für die Berufungsinstanz ist deshalb ein Gutachten anzufertigen. Als besondere rechtliche Schwierigkeiten gelten Problemstellungen, die weder durch Rechtsprechung noch in der Literatur hinreichend geklärt sind und infolgedessen in der mündlichen Verhandlung zu behandeln sind. Nach Nr. 3 a.a.O. führt auch eine grundsätzliche Bedeutung der

---

[95] *Bader*, in: Bader/Funke-Kaiser/Kuntze/von Albedyll, § 124 Rdn. 1.
[96] *von Oertzen*, in: K. Redeker/von Oertzen/M. Redeker/Kothe, § 124 Rdn. 10 ff.
[97] *von Oertzen*, in: K. Redeker/von Oertzen/M. Redeker/Kothe, § 124 Rdn. 14 ff.

Rechtssache zur Zulassung, falls der Sachverhalt eine klärungsbedürftige und über den Einzelfall hinausgehende Frage aufwirft und insofern auch der Weiterentwicklung des Rechts zu dienen vermag. Nach Nr. 4 a.a.O. kann auch ein von einer Entscheidung eines Gerichts 2. oder 3. Instanz abweichendes Urteil durch das Oberverwaltungsgericht Grund für die Berufung sein. Es muss ein echter Widerspruch zur Rechtsansicht eines höheren Gerichts vorliegen. Nach Nr. 5 a.a.O. kann außerdem ein rechtserheblicher Verfahrensmangel, welcher der Gerichtsentscheidung zugrunde liegt, wie etwa die Verletzung des Rechts auf rechtliches Gehör, geltend gemacht werden[98]. Die in Nrn. 1, 2 und 5 genannten Gründe sollen die Einzelfallgerechtigkeit gewährleisten, während die Nrn. 3 und 4 den allgemeinen Rechtsmittelzielen der Einheitlichkeit der Rechtsanwendung wie der Fortentwicklung des Rechts zu dienen bestimmt sind[99].

Ist der Beamte auch mit der Entscheidung des Oberverwaltungsgerichts nicht einverstanden, kann er dort Revision zum Bundesverwaltungsgericht beantragen (§ 132 VwGO). Möglich ist auch, dass die Revision nach Beschwerde vom Bundesverwaltungsgericht zugelassen wird[100].

Die Revision ist nur noch auf die rechtliche Würdigung des Streitfalles beschränkt. Sie wird nur zugelassen, wenn die Zulässigkeitskriterien nach Abs. II a.a.O. erfüllt sind. Wie bei der Berufung eröffnet die Zulassung aus einem dieser Gründe (Grundsatzrevision, Divergenzrevision oder Verfahrensrevision) die Revision in vollem Umfang. Die Zulassung der Revision ist unanfechtbar[101].

Das Beamtenrecht enthält in bezug auf die Divergenzrevision nach Abs. II Nr. 2 a.a.O. eine abweichende Regelung, da diese auch bei einer Abweichung von der Entscheidung eines anderen Oberverwaltungsgerichts zuzulassen ist, solange das Bundesverwaltungsgericht in dieser Rechtsfrage noch keine Entscheidung getroffen hat (§ 127 Nr. 1 BRRG). Hat das Bundesverwaltungsgericht bereits über den Streitfall entschieden, kann die Zulassung der Revision nur erfolgen, wenn eine Abweichung von der Entscheidung des Bundesverwaltungsgerichts vorliegt. Weicht das Urteil in diesem Fall lediglich von einer früheren Entscheidung eines anderen Oberverwaltungsgerichts ab, ist die Divergenzrevision unzulässig[102]. Zudem lässt § 127 Nr. 2 BRRG auch die Revision zu, wenn das angefochtene Urteil auf der Verletzung von Landesrecht beruht.

---

[98] *von Oertzen*, in: K. Redeker/von Oertzen/M. Redeker/Kothe, § 124 Rdn. 16 ff.
[99] *Bader*, in: Bader/Funke-Kaiser/Kuntze/von Albedyll, § 124 Rdn. 10.
[100] *Bader*, in: Bader/Funke-Kaiser/Kuntze/von Albedyll, § 132 Rdn. 2.
[101] *Bader*, in: Bader/Funke-Kaiser/Kuntze/von Albedyll, § 132 Rdn. 7.
[102] *von Oertzen*, in: K. Redeker/von Oertzen/M. Redeker/Kothe, § 124 Rdn. 22.

Sowohl Berufung (§ 124 VwGO) als auch Revision (§ 132 VwGO) sind fristgemäß eingelegt, wenn sie binnen eines Monats nach Zustellung des Urteils beim zuständigen Gericht eingelegt und binnen zweier Monate nach Zustellung des Urteils schriftlich begründet werden (§§ 124 II-III, 139 I, III VwGO).

In Ausnahmefällen ist auch die Sprungrevision unter Übergehung der Berufungsinstanz nach § 134 VwGO zugelassen. Dazu müsste der Sachverhalt bereits in 1. Instanz hinreichend geklärt worden sein oder die Beteiligten müssten um der Verfahrensbeschleunigung willen auf die weitere Klärung des Sachverhalts verzichten.

b. Beschwerden (§§ 133, 146 VwGO)

In Fällen, in denen die Revision nicht zugelassen wird, kann der Beamte Nichtzulassungsbeschwerde bei dem Gericht einlegen, gegen dessen Entscheidung Revision eingelegt werden soll (§ 133 VwGO). Sie ist schriftlich einzulegen. Es besteht für sie Anwaltszwang (§ 67 S. 2 VwGO). Die Beschwerdefrist beträgt einen Monat nach Urteilszustellung, sofern es nicht an einer korrekten Rechtsbehelfsbelehrung mangelt. Zudem ist die Nichtzulassungsbeschwerde innerhalb von zwei Monaten nach Urteilszustellung zu begründen (Abs. III S. 1 a.a.O.); auch hier gilt der Anwaltszwang entsprechend. Die Begründung ist ausreichend, wenn die grundsätzliche Bedeutung der Rechtssache dargelegt oder die Entscheidung, von der das Urteil abweicht, oder der Verfahrensmangel bezeichnet werden (Abs. III S. 3 a.a.O.). Im Beschwerdeverfahren wird anschließend geprüft, ob die Voraussetzungen für die Zulassung der Revision vorliegen. Kommt das Gericht zum Entschluss, dass der Beschwerde abzuhelfen ist, spricht es die Zulassung durch Beschluss aus, welcher unanfechtbar ist. Der Beschluss wird dann unverzüglich dem Bundesverwaltungsgericht zugeleitet. Wird der Beschwerde nicht abgeholfen, wird sie mit den Akten auch unverzüglich dem Bundesverwaltungsgericht vorgelegt, dass dann die fristgerecht vorgetragenen Beschwerdegründe überprüft. Verwirft das Bundesverwaltungsgericht die Beschwerde oder weist diese zurück, wird das Urteil rechtskräftig (Abs. V S. 3 a.a.O.). Gibt das Bundesverwaltungsgericht der Beschwerde statt, ist zu unterscheiden: Bei der Verfahrensrevision kann das angefochtene Urteil nach Abs. VI a.a.O.

aufgehoben und der Rechtsstreit zur anderweitigen Verhandlung und Entscheidung zurückverwiesen werden. Ansonsten wird bei positivem Beschluss das Beschwerdeverfahren als Revisionsverfahren durch das Bundes-Verwaltungsgericht fortgesetzt, ohne dass der Beamte hier Revision einlegen muss. Die Entscheidung, wer die Kosten für das Verfahren trägt, bleibt dem Revisionsurteil vorbehalten[103].

Entscheidungen der Verwaltungsgerichte, des Vorsitzenden oder des Berichterstatters, die keine Urteile, Gerichtsbescheide oder Beschlüsse nach § 93a II S. 1 VwGO sind, können ferner mit der Beschwerde nach § 146 VwGO angefochten werden[104].

---

[103] *von Oertzen*, in: K. Redeker/von Oertzen/M. Redeker/Kothe, § 133 Rdn. 12 ff.
[104] *Bader*, in: Bader/Funke-Kaiser/Kuntze/von Albedyll, § 133 Rdn. 2.

Verzeichnis der abgekürzt zitierten Literatur

Achterberg, Norbert; Rüttner, Günter; Würtenberger, Thomas (Hrsg.), Besonderes Verwaltungsrecht. Ein Lehr- und Handbuch, 2. Aufl., Heidelberg 2000

Bader, Johann; Funke-Kaiser, Michael; Kuntze, Stefan; von Albedyll, Jörg (Hrsg.), Verwaltungsgerichtsordnung. Kommentar anhand der höchstrichterlichen Rechtsprechung, 2. Aufl., Heidelberg 2002

Battis, Ulrich, Bundesbeamtengesetz, 2. Aufl., München 1997

Behrens, Hans-Jörg, Beamtenrecht, München 1996

Dreier, Horst (Hrsg.), Grundgesetz Kommentar, Tübingen 1996

Dörr, Hansjochen, Beamtenrecht, 2. Aufl., Münster 1995

Felix, Dagmar, Das Remonstrationsrecht und seine Bedeutung für den Rechtsschutz des Beamten, Köln 1993

Hendler, Reinhard, Allgemeines Verwaltungsrecht, 3. Aufl., Stuttgart 2001

Jung Lundberg-Höwing, Bettina, Der verwaltungsgerichtliche Rechtsschutz des Beamten gegen dienstaufsichtliche und organisatorische Maßnahmen, Göttingen 1992

Minz, Hubert; Conze, Peter, Recht des öffentlichen Dienstes, 6. Aufl., Berlin 1993

Monhemius, Jürgen, Beamtenrecht. Eine Darstellung der beim Bund und in den Bundesländern geltenden Regelungen, München 1995

Peine, Franz-Joseph; Heinlein, Dieter, Beamtenrecht, 2. Aufl., Heidelberg 1999

Plog / Wiedow / Beck / Lehmhöfer, Kommentar zum Bundesbeamtengesetz, 246. LfG

Pottmann, Frank, Der Beamte als Staatsbürger. Zugleich eine Untersuchung zum Normtypus von Art. 33 Abs. 5 GG, Berlin 1981

Redeker, Konrad; von Oertzen, Hans-Joachim; Redeker, Martin; Kothe, Peter, Verwaltungsgerichtsordnung. Kommentar, 13. Aufl., Stuttgart 2000

Scheerbarth, Hans Walter; Höffken, Heinz; Bauschke, Hans-Joachim; Schmidt, Lutz, Beamtenrecht, 6. Aufl., Siegburg 1992

Schmidt-Aßmann, Eberhard (Hrsg.), Besonderes Verwaltungsrecht, 12. Aufl., Berlin 2003

Schmidt, Rolf, Verwaltungsrecht II. Besondere Klage- und Verfahrensarten, 3. Aufl., Bremen 1999

Steiner, Udo (Hrsg.), Besonderes Verwaltungsrecht. Ein Lehr- und Handbuch, 2. Aufl., Heidelberg 2000

von Mangoldt, Hermann; Klein, Friedrich; Starck, Christian (Hrsg.), Das Bonner Grundgesetz, Bd. I, München 1999

von Münch, Ingo; Kunig, Philip (Hrsg.), Grundgesetz-Kommentar, 5.Aufl., München 2000

Wagner, Fritjof, Beamtenrecht, 7. Aufl., Heidelberg 2002

Wassermann, Rudolf (Hrsg.), Kommentar zum Grundgesetz für die Bundesrepublik Deutschland, Reihe Alternativkommentare, 2. Aufl., Neuwied 1989

Wichmann, Manfred; Langer, Karl-Ulrich, Öffentliches Dienstrecht. Das Beamten- und Arbeitsrecht für den öffentlichen Dienst, 5. Aufl., Stuttgart 2002

Wiese, Walter (Hrsg.), Beamtenrecht, 3. Aufl., Köln 1988

Zängl, Siegfried u. a. (Hrsg.), Beamtenrecht des Bundes und der Länder, Richterrecht und Soldatenrecht. Kommentar, Berlin 1973, Lfg. 5/2000

Verzeichnis der verwendeten Abkürzungen

a.a.O.	am angegebenen Ort
BBG	Bundesbeamtengesetz
BDG	Bundesdisziplinargesetz
BPersVG	Bundespersonalvertretungsgesetz
BRRG	Beamtenrechtsrahmengesetz
BVerfGG	Bundesverfassungsgerichtsgesetz
BVerwG	Bundesverwaltungsgericht
GG	Grundgesetz
h.M.	herrschende Meinung
i.d.R.	in der Regel
m.E.	meines Erachtens
StGB	Strafgesetzbuch
SUrlVO	Sonderurlaubsverordnung
VwVfG	Verwaltungsverfahrensgesetz
VwGO	Verwaltungsgerichtsordnung
z.B.	zum Beispiel
ZPO	Zivilprozessordnung
z.T.	zum Teil